Dedo-Philipp Gadebusch

•

Wald der Elfen

Dedo-Philipp Gadebusch

Wald der Elfen

Kurzgeschichten

FRIELING

Bibliografische Information der Deutschen Nationalbibliothek
Die Deutsche Nationalbibliothek verzeichnet diese Publikation in der Deutschen Nationalbibliografie; detaillierte bibliografische Daten sind im Internet über http://dnb.d-nb.de abrufbar.

Rheinstraße 46, 12161 Berlin
Telefon: 0 30 / 76 69 99-0
www.frieling.de

ISBN 978-3-8280-3471-6
1. Auflage 2019
Umschlaggestaltung: Michael Beautemps unter Verwendung einer Illustration von Martina Baumgardt

Inhalt

Wald der Elfen

I

Am einem Montag im Frühling des Jahres 198 vor unserer Zeit geschah es, dass sich ein junger Mann, er hieß Aron, in den Wald der Elfen begab, um dort ein Frühlingsfest für sich und seine Freunde vorzubereiten. Er war gerade dabei, die Stühle um die Tische zu stellen, als ein grüner Rauch aus dem Unterholz hervorkroch und die ganze Lichtung in grünes Licht tauchte. Der junge Mann ging auf die Stelle zu, von welcher der Rauch kam, und sah in das Gebüsch.

Er blickte auf einen riesigen, grünen Rasenplatz, auf welchem jede Menge in zarte Umhänge gehüllte Wesen tanzten. Es verschlug ihm die Sprache und er konnte seine Augen nicht davon wenden.

Er erkannte, dass er die Elfen bei ihrem Tanz in den Frühling vor sich hatte. Er wollte sich schnell aus dem Staub machen, als er von einer der Elfen entdeckt wurde. Sie holte ihn in ihre Mitte und er musste berichten, was er hier wollte.

Er sagte, dass er für sich und seine Freunde ein Fest vorbereite. Die Elfen fingen an, leise zu kichern, und die, welche ihn entdeckt hatte, meinte, dass es in diesem Wald nur verliebten Pärchen und Ehepaaren gestattet sei, sich aufzuhalten. Aron beteuerte, dass es sich bei seinen Freunden um lauter Pärchen handelte. Nur er habe seit einigen Jahren – leider! – keine Freundin mehr. Sie hatte ihn nach einem heftigen Streit, in dem auch das Geschirr durch die Gegend flog, verlassen. Das Ganze sei nun schon fünf Jahre her und er fühle sich seit jener Zeit sehr allein. Er habe außer seinen Freunden niemanden mehr, mit dem er sich unterhalten und seine Gedanken austauschen könne.

Daraufhin sprach die oberste der Elfen:

„Wenn du drei Aufgaben löst, werde ich dir eine unserer Schwestern zur Frau geben. Doch bedenke, diese Aufgaben sind nicht leicht und erfordern sehr viel Mut."

Der junge Mann überlegte eine Weile und war dann bereit, jede ihm gestellte Aufgabe zu lösen, wenn er als Belohnung nie wieder allein sein müsse.

II

Die erste Aufgabe war, in einem weit entfernten Wald den „Krug der Weisheit" zu finden und ihn den Elfen zu bringen.

Also machte er sich auf den Weg. Plötzlich hielt er inne. Er hatte vor lauter Freude auf eine Frau vergessen zu fragen, in welchem Wald der „Krug der Weisheit" zu finden sei.

Also kehrte er um und erfuhr, dass der Wald, wo der Krug zu finden sei, viele Meilen entfernt im Süden läge.

Er wanderte viele Tage gen Süden, bis er in ein Dorf kam. Dort ging er in eine Taverne und erkundigte sich nach dem Wald. Die Leute fragten ihn, was er in dem Wald suche. Denn so viele Leute seien in den Wald gegangen, aber nie wieder herausgekommen. Vom Dorf aber sei noch niemals jemand im Wald gewesen.

Es erschreckte Aron schon etwas, doch der Gedanke an eine Frau machte ihm solchen Mut, dass er alle Furcht vergaß.
Er ging in Richtung des Waldes über die Brücke.

Als er in den Wald eintrat, umfing ihn eine düstere und kalte Dunkelheit. Er tastete sich langsam vorwärts, bis er eine Lichtung erreichte. Er schaute behutsam durch das Gebüsch und sah, dass auf der Lichtung mehrere Kobolde beim Kartenspielen um einen Baumstumpf versammelt waren.

Er trat aus dem Wald auf die Lichtung und wollte die Kobolde fragen, wo er denn den Krug der Weisheit finden könne. Doch er kam nicht einmal dazu, etwas zu sagen. Denn ein riesiger Klumpen Lehm, den ein Kobold aus Zorn, dass er verloren hatte, in die Büsche schmiss, landete in seinem Gesicht. Aron schrie vor Schmerz auf. Der Kobold, welcher den Lehmklumpen geworfen hatte, sprang auf, zog aus seinem Umhang einen mit Gold verzierten Dolch und wollte sich auf den jungen Mann stürzen.

Doch die anderen hielten ihn zurück und sagten: „Wir sollten erst einmal fragen, was er hier zu suchen hat."

Aron kam ihm zuvor: „Ich bin auf der Suche nach dem ‚Krug der Weisheit', um ihn den Elfen zu bringen. Dafür bekomme ich eine von ihnen zur Frau."

Die Kobolde sahen sich an und steckten ihre Köpfe zusammen, um zu beraten.

Nachdem sie einige Zeit überlegt hatten, stand der eine, welcher der Anführer zu sein schien, auf und lud den jungen Mann ein, sich erst einmal zu ihnen ans Feuer zu setzen, sich zu wärmen, etwas zu essen und ihnen dabei die Sache erst einmal richtig zu erklären.

Also setzte er sich zu ihnen ans Feuer und fing an, ihnen von seiner Begegnung mit den Elfen zu erzählen und dass sie ihm eine von ihnen als Frau versprochen hätten, wenn er ihnen drei Dinge bringen würde.

Die drei Kobolde überlegten eine Weile, doch leider konnten sie ihm nicht helfen. Und so machte er sich allein, nach dem köstlichen Mahl, zu dem ihn die drei Kobolde eingeladen hatten, auf den Weg – durch dichtes Gestrüpp und durch fast undurchdringliches Unterholz.

Er stolperte über Wurzeln und umgefallene, alte Bäume und fiel in einen überwachsenen tiefen Graben. Ihm schwanden die Sinne. Als er wieder erwachte, stand über ihm ein Troll mit riesigen, braunen Augen. Der junge Mann erschrak. Der Troll fragte ihn, was ihn in diesen Wald führe und was er hier suche. Aron sagte: „Ich suche den ‚Krug der Weisheit‘. “

Der Troll meinte: „Den ‚Krug der Weisheit‘, den haben schon viele gesucht, aber niemand hat ihn bis jetzt gefunden. Wenn es dir gelingt, den Krug zu finden, dann hättest du die Macht dieses Waldes besiegt und könntest hier als neuer Herrscher regieren und die Schätze des Waldes wären dir untertan.“ Der junge Mann erwiderte, dass ihn die Schätze dieses Waldes eigentlich überhaupt nicht interessierten. Er wäre einfach nur auf der Suche nach dem „Krug der Weisheit“, um ihn den Elfen zu bringen. Denn dafür bekäme er eine von ihnen als Frau.

Der Troll lud Aron auf ein Glas Wein ein und sie sprachen über Schätze und Frauen. Leider wusste der Troll auch nicht, wo der „Krug der Weisheit“ zu finden sei. Wieder stolperte Aron über Wurzeln und abgestorbene Baumstämme, bis er in einiger Entfernung eine von Moos bedeckte Hütte erblickte.

An der moosigen Hütte angekommen, vergewisserte er sich erst einmal durch einen Blick durch das einzige Fenster an der Seite, dass niemand in der Hütte war.

Er versuchte, die Tür zu öffnen.

Doch die Tür war leider fest verschlossen. Also versuchte er durch das von Zeit und Wetter verwitterte Fenster zu klettern. Das gelang.

Als er in der Hütte stand, sah er sich um und entdeckte, dass die Hütte seit längerer Zeit unbewohnt sein musste, denn der Staub lag in einer dicken Schicht auf dem Brett an der Wand und auf dem recht niedrigen Bett.

Er entdeckte unter dem Bett eine kleine Kiste, auf welcher einige Zeichen in einer für ihn nicht lesbaren Schrift standen. Er überlegte, wie er die Kiste öffnen könne. Also schüttelte er sie erst einmal, um zu hören, ob sich etwas in ihr befände. Er konnte nichts hören. Also zog er an dem Griff auf dem Deckel und öffnete die Kiste vorsichtig.

Er fand darin einen in Birkenrinde eingewickelten Krug.

Es war der „Krug der Weisheit“, den er in den Händen hielt, denn auf der Unterseite des Deckels stand: „Krug der Weisheit“. So war der erste Teil seiner Suche zu Ende.

Er steckte den Krug in seine Umhängetasche und machte sich auf den Rückweg zu den Elfen.

Als er den Wald der Elfen erreichte, suchte er den riesigen, grünen Rasenplatz, wo er die Elfen das erste Mal getroffen hatte. Nach einer Weile fand er ihn und musste nicht lange warten, bis er von den Elfen umringt wurde. Eine fragte ihn, ob er denn bis jetzt schon etwas gefunden habe.

Freudestrahlend erzählte er, dass er den „Krug der Weisheit" mitgebracht habe.

Die oberste der Elfen, welche ihm die Aufgabe gegeben hatte, ging zu ihm, gratulierte ihm herzlich und sagte, dass nur noch zwei weitere Aufgaben auf ihn warteten.

Und zwar das „Licht der Liebe" und der „Schal der Zweisamkeit".

Er fragte die oberste der Elfen, wo er diese beiden Dinge finden könne. Diese sagte ihm, dass sie es leider nicht wisse, wo genau, außer dass sich die beiden Sachen irgendwo im Süden befänden. Diese drei Dinge seien den Elfen vor langer Zeit geraubt worden.

„Dass du uns den ‚Krug der Weisheit' gebracht hast, beweist, dass du ein tapferer Mann mit einem großen Herzen bist, und darum sollst du auch erfahren, warum diese drei Dinge für uns so wichtig sind.

In dem ‚Krug der Weisheit' sammeln wir einen Teil unserer Gedanken. Mit dem ‚Licht der Liebe' beweist jede Elfe, dass sie bereit ist zu lieben, und mit dem ‚Schal der Zweisamkeit' wird jede Elfe, die bereit ist zu lieben, mit ihrem Partner verbunden, auf dass sie für immer vereint sein mögen.

III

Also verabschiedete Aron sich und ging wieder auf die Suche, diesmal nach dem „Licht der Liebe“.

Er zog tagelang durch die Gegend, bis er an einen Bauernhof kam und dort die Magd fragte, die gerade die Schweine fütterte, ob sie wisse, wo das Licht der Liebe zu finden sei oder ob sie jemanden kenne, der ihm helfen könne. Sie überlegte eine Weile, dann schüttelte sie den Kopf und sagte traurig, dass sie es leider nicht wisse. Aber im nächsten Dorf lebe ein Mann, der sich mit solchen Dingen wie Elfen befasse und wahrscheinlich helfen könne.

Also machte sich Aron auf den Weg ins Dorf.

Er suchte sich eine Herberge, um sich erst einmal auszuruhen und etwas zu essen.

In der Herberge angekommen, setzte er sich an einen Tisch.

Als die Kellnerin kam, erfuhr er, dass es heute Abend Kartoffelsuppe mit Würstchen gab. Er ließ es sich schmecken und nahm für diese Nacht ein Zimmer. Dieses war schön eingerichtet und hatte sogar neben dem Bett einen Kamin.

Er schlief tief und fest wie ein Murmeltier.

Am nächsten Tag erfuhr er von einem Bauern, welcher in dieser Herberge sein Frühstück zu sich nahm, dass das „Licht der Liebe“ in einem Tal etwa zehn Tagesreisen in Richtung Osten in einer gut versteckten Höhle liegen solle. Und diese Höhle solle hinter einem sich bewegenden Vorhang verborgen sein.

Doch er selber habe keine Ahnung, was damit gemeint sei.

Also machte sich Aron auf den Weg Richtung Osten. Als er eine Brücke überquerte, welche sich in einem recht schlechten Zustand befand, musste er mitten auf der Brücke feststellen, dass die Brücke so zerfallen war, dass er nicht auf die andere Seite kam.

Er suchte nach einem anderen Weg, um den Fluss zu überqueren.

Er folgte dem Fluss Richtung Süden. Nach einer Weile gingen die Felder über in einen Wald. Er hoffte, in dem Wald einige umgefallene Bäume zu finden, welche eine natürliche Brücke bilden würden.

Und wirklich, nach einigen Hundert Metern fand er auch einige Bäume, die durch einen Sturm umgefallen waren.

Als er die Bäume erreichte, versuchte er auf den ersten der drei Stämme zu klettern, aber er rutschte ab. Doch er hatte Glück. Er konnte sich an den Aststümpfen der anderen beiden Bäume festhalten. Also rutschte er das kleine Stück zurück und kletterte über die anderen beiden Bäume, indem er die Aststümpfe als Trittstufen benutzte.

Auf der anderen Seite angekommen, ging er zurück zur Brücke, um seinen Weg fortzusetzen.

Von der kaputten Brücke aus wanderte er weiter Richtung Osten auf der Suche nach dem Tal, von welchem der Bauer gesprochen hatte. Er ging eine lange Strecke, ohne jemandem zu begegnen. Dann sah er neben der Straße eine Ansammlung kleiner Zelte, die aussahen, als ob sie schon eine Weile verlassen seien. Er ging auf eines der Zelte zu und wollte gerade die Plane des Eingangs öffnen, als gedämpfte Geräusche aus dem Inneren drangen. Er schlug leise gegen die Plane und wartete, ob etwas passierte.

Die Geräusche hörten sofort auf und ein kleiner Zwerg an Krücken öffnete die Plane vor dem Eingang. Er fragte mit fistelnder Stimme, was der Besucher wolle.

Aron antwortete, dass er das „Licht der Liebe" suche und ob der Zwerg ihm darüber etwas sagen könne. Der Zwerg überlegte eine Weile, dann antwortete er, dass er in jungen Jahren etwas davon gehört habe, aber das sei nun schon 125 Jahre her.

Aron wollte ihn fragen, wie alt er denn sei, aber der Zwerg kam ihm zuvor und erzählte, er sei nun schon bei 296 Jahren angelangt.

Damals, als er vom „Licht der Liebe" hörte, war dieses im Turm des Königs der Zwerge. Dieser Turm sei aber in dem schrecklichen Krieg gegen die Wichtel zerstört worden und seit damals sei das „Licht der Liebe" verschollen.

Aron verabschiedete sich höflich mit einem leisen Stöhnen der Hoffnungslosigkeit und zog weiter. Als er an einen Bach kam, merkte er, dass er Hunger hatte, und überlegte, ob er sich nicht einige Fische fangen und braten solle.

Also legte er seinen Rucksack ab. Er schnitt von den am Ufer stehenden kleinen Bäumchen einige lange, gerade Ruten, die er mit Schnur und Haken versah. Er warf die Angel an einer tiefen Stelle in den Bach und wartete, bis ein Fisch anbiss, den er mit einem Ruck aus dem Wasser zog.

Nach einer Weile stellte er fest, dass er genug Fische für ein Essen gefangen hatte. Er schlachtete sie und nahm sie aus. Dann grub er eine kleine Grube für das Feuer, baute ein kleines Gestell, um die Fische über der Feuerkuhle zu braten. Er beschloss, sich hier ein Lager für die Nacht herzurichten, um am nächsten Morgen weiterzusuchen.

In der Nacht hörte er immer wieder ein Käuzchen schreien. Das hielt ihn wach, aber nach einer ihm endlos scheinenden Ewigkeit schlief er ein und träumte, dass er das „Licht der Liebe“ freudestrahlend in den Händen hielt.

Als er am nächsten Morgen erwachte, wehte ihm ein kühler Wind um die Nase. Nachdem er das Feuer entfacht hatte, brühte er sich erst einmal einen Tee auf und aß etwas von dem kalten Fisch als Frühstück.
Er hatte noch seinen Traum im Kopf und das beflügelte ihn so sehr, dass er nach dem Frühstück froh gelaunt weiterzog.

Er watete an einer seichten Stelle durch den Bach zum anderen Ufer. Drüben angekommen, suchte er sich im Unterholz des Waldes einen geeigneten Wanderstab, um sich das Gehen durch das Gestrüpp zu erleichtern.

Als er sah, dass sich ein Busch am Wegesrand anders bewegte als die anderen Büsche, schlug er sacht mit dem Wanderstab dagegen.

Aus dem Busch kroch ein schwarz-weißes Stinktier, welches ihn misstrauisch ansah und ihn fragte, was ihm denn einfallen würde, es beim Schmusen zu stören.

Als Aron sich von dem Schreck erholt hatte, dass er die Sprache des Stinktieres verstehen konnte, entschuldigte er sich vielmals und fragte, warum das Stinktier sprechen könne. Das Stinktier antwortete, dass in diesem Wald alle Tiere die menschliche Sprache verstünden und auch sprechen könnten.

Also entschuldigte Aron sich vielmals und sagte, dass er eigentlich nur wissen wolle, wo sich das „Licht der Liebe" befinde. Das Stinktier überlegte eine Weile. Dann sagte es, dass es ihm leidtäte, es hätte noch nie etwas von dem „Licht der Liebe" gehört. Aron entschuldigte sich noch einmal für die Störung und zog weiter.

Als er an eine Weggabelung kam, musste er sich zwischen rechts und weiter geradeaus entscheiden. Er entschied sich für rechts, denn der rechte Weg lag im Westen und im Westen geht bekanntlich die Sonne unter. So hätte er noch eine Weile Licht. Als die Sonne im Begriff war, unterzugehen, sah er ein ausgetrocknetes Flussbett. Er beschloss, dort sein Lager für die Nacht aufzuschlagen. Er entdeckte eine etwas höher gelegene Nische, einige Meter über dem Boden.

Er erklomm die Nische und sah, dass sich dort eine kleine Höhle befand. Er suchte etwas Holz für eine Fackel, um die Höhle zu untersuchen. In einer Ecke lag ein Haufen getrocknetes Holz, das wahrscheinlich dort angeschwemmt wurde, als der Fluss noch Wasser führte. Er grub im Schein der Fackel ein Loch, in dem er ein Feuer machte.

Im Licht des Feuers sah er, dass die Höhle weiträumiger war, als er gedacht hatte. In einer Ecke lagen verschiedene Knochen, wahrscheinlich von Tieren, die hier angeschwemmt wurden und dort verwest waren.

Auf der anderen Seite befand sich eine etwas höher gelegene Stelle, die sich gut zum Übernachten eignete. Also entfachte er auch dort ein Feuer und bereitete sich auf die Nacht vor.

Als er am nächsten Morgen erwachte, fiel ein Sonnenstrahl durch ein Loch in der Decke der Höhle. Er machte sich einen Tee aus Kräutern, die er im Rucksack mitgebracht hatte. Dabei stellte er fest, dass sein Wasserbeutel fast leer war. Er musste daran denken, ihn wieder zu füllen. Seine Mahlzeit bestand aus Tee und dem restlichen Fisch vom Vortag. Dann machte er sich wieder auf den Weg.

Er spazierte fröhlich pfeifend durch den ausgetrockneten Fluss und überlegte, wer ihm helfen könne, das „Licht der Liebe“ zu finden.

Nach einer Weile hörte er fröhliches Gelächter. Er folgte der Richtung, aus der das Gelächter kam, und entdeckte einige halb nackte Frauen, die sich an einem Brunnen wuschen.

Er wollte die Frauen nicht erschrecken und machte deshalb schon früh durch lautes Pfeifen auf sich aufmerksam.

Die Frauen drehten sich um und schauten den jungen Mann überrascht an. Von ihnen erfuhr er, dass sich das „Licht der Liebe“ im Osten des Waldes befinden würde. Aber sie hätten keine Ahnung, wo genau.

Aron bedankte sich und wollte sich auf den Weg Richtung Osten machen, als ihm die Frauen noch eine Tasche mit etwas Verpflegung für den Weg anboten.

Als der Abend dämmerte, musste er sich schnell einen Unterschlupf suchen, denn der Himmel sah aus, als ob es jeden Moment anfangen könnte zu regnen. Er fand einen hohlen Baum, gerade groß genug, um sich dort hineinzulegen. Und er sollte recht behalten. Kaum hatte er sich hineingelegt, als es schon anfing, fürchterlich zu regnen.

Bei dem regelmäßigen Geräusch des Regens schlief er ein. Am nächsten Morgen erwachte er mit einem Hämmern im Schädel, als ob jemand in seinem Kopf Bäume fällen würde.

Mit den Bäumen hatte er recht, aber es war nicht in seinem Kopf, sondern am Rande einer Lichtung waren Zwerge dabei, Holz zu schlagen.

Er fragte, wozu die Zwerge Holz hauen würden. Einer der Zwerge, er war anscheinend der älteste, antwortete ihm, dass sie das Holz für den nächsten Winter schlugen und sie müssten schon so früh im Jahr anfangen, damit es genug Zeit hätte zu trocknen.

Aron fragte ihn, ob er wisse, wo das „Licht der Liebe" zu finden sei.

Der Zwerg überlegte eine Weile. Dann antwortete er, das müsse sein Großvater wissen, denn der habe von sehr vielen Dingen eine Ahnung, weil er schon über 500 Jahre alt sei. Und er habe die Kriege mit den Gnomen, den Trollen und den Elfen überlebt.

Die Zwerge sagten, dass Aron ruhig mit ihnen kommen könne. Aber sie müssten sich alle auf dem Dorfplatz treffen, denn die Häuser seien für Aron wohl doch etwas zu klein. Also gingen sie alle zusammen fröhlich singend ins Dorf.

Im Dorf angekommen, saß der Großvater vor seinem Wohnpilz und rauchte seine Pfeife, tief in Gedanken versunken. Als sie auf ihn zuliefen, hob er langsam den Kopf und sah sie aus ins Leere schauenden Augen an.

Sie warteten, bis er aus seiner Meditation richtig erwacht war.

Dann wollten sie von ihm wissen, wo das „Licht der Liebe“ zu finden sei.

Denn er habe ihnen doch vor etwa 100 Jahren davon erzählt.

Der Opa überlegte eine Weile, dann fing er an zu erzählen, dass er das „Licht der Liebe“ bei einem Altwarenhändler gesehen habe. Doch habe er kein Interesse daran gehabt, denn er sei damals schon glücklich verheiratet gewesen.

Aron bedankte sich für die Auskunft und ging in die Richtung, in die der alte Zwerg zeigte.

Nach einigen Hundert Metern kam er an eine Kreuzung.

Er ging nach rechts, weil rechts im Osten lag und der Altwarenhändler sich im Osten befinden sollte.

Nach einer Weile kam er zu einer Reihe von Büschen und nachdem er sich hindurchgezwängt hatte, fiel sein Blick auf eine atemberaubend schöne Kieskuhle. Diese

Kieskuhle war mit lauter Büschen übersät und zwischen ihnen schlängelte sich ein azurblaues Flüsschen.

Als er daraufhin in die Kieskuhle hinabstieg, entdeckte er, dass sich zwischen den Büschen lauter kleine, gelb-blaue, Blumen befanden, welche er leider nicht zuzuordnen wusste.

Am Flüsschen angekommen, wollte er sich erst einmal die Hände waschen und sich wegen der Hitze des Tages den Nacken kühlen und seine Wasserflasche auffüllen.

Es war schon spät am Tage und er überlegte, ob er vor dem Hereinbrechen der Nacht in das Flüsschen springen solle. Auf diese Art könnte er sich noch etwas Kühlung verschaffen, um danach besser schlafen zu können.

Nachdem er ein paar Runden geschwommen war, kletterte er an Land, trocknete sich ab, bereitete sich unter einem Felsvorsprung ein Lager für die Nacht, entzündete aber dennoch ein kleines Feuer, um sich vor unliebsamen Gästen zu schützen.

Am nächsten Morgen war das Wetter so schön, dass er erst mal ins Wasser sprang, um ein paar Runden zu schwimmen. Dann trank er seinen Tee und aß etwas von seinen Vorräten. Die Vorräte waren inzwischen ganz schön geschrumpft. Deshalb sammelte er einige Heilpflanzen für seinen Tee und beschloss, einige Tage in dieser Gegend zu bleiben und sich auszuruhen. Vielleicht könnte er auch ein paar Fische fangen.

Er streifte durch das Tal und fand eine kleine Höhle, in der er für ein paar Tage bleiben konnte.

An den Wänden der Höhle waren alte, im Laufe der Zeit ausgeblichene Zeichnungen.

Er überlegte, wie alt die Zeichnungen wohl sein mochten, und kam zu dem Ergebnis, dass sie wohl mehrere Tausend Jahre alt sein müssten.

Er holte seine Sachen und machte es sich in der Höhle bequem.

Er grub im Eingang der Höhle ein Loch für ein Feuer, um einen gewissen Schutz vor Tieren zu haben.

Am nächsten Morgen erkundete er das Tal und fand einige weitere Höhlen.

Einige waren klein und kaum betretbar, weil lauter Geröll von der Decke herabgefallen war und so den Zugang versperrte. In einigen konnte man erkennen, dass in ihnen mal Menschen gelebt haben mussten.

Er beschloss, sich weiter auf die Suche nach dem „Licht der Liebe“ zu machen.

Er kletterte über einen Baum aus dem Tal, weil es sonst keinen anderen Ausgang gab, schulterte seinen Rucksack und stiefelte weiter durch den Wald, bis er in einiger Entfernung den Rand des Waldes erkannte.

Am Rande des Waldes angekommen, blickte er über riesige Felder voller Gerste, Hafer und Raps. In einiger Entfernung sah er einen Kirchturm aufragen. Also müsste dort ein Dorf sein, dachte er und hoffte, dort Informationen über das „Licht der Liebe“ zu bekommen.

Doch zu seiner Enttäuschung, fand er nur eine alte, zerfallene Kirche, von welcher nur noch der Kirchturm stand.

Also wanderte er weiter und erreichte nach einiger Zeit tatsächlich ein Dorf. Dort erfuhr er, dass die Kirche zu einem alten Dorf gehörte, welches in den Kriegen mit den Zwergen zerstört und nie wieder aufgebaut worden war.

Aron wollte wissen, ob es hier in diesem Dorf jemanden gäbe, der etwas über das „Licht der Liebe“ wissen könne.

Und wirklich, es gab einen alten Mann, der das „Licht der Liebe“ gesehen habe.

Doch dieser Mann sei schon sehr alt und niemand wisse, ob er die Wahrheit sagen oder nur eine Geschichte erzählen würde.

Trotzdem fragte Aron, wo er diesen Mann finden könne, und erfuhr, dass er etwas abgelegen in einer Lehmhütte im Wald wohne.

Also ließ Aron sich die Richtung zeigen und spazierte los, denn in der Ferne konnte er den Wald sehen.

Auf dem Weg dorthin kam er an riesigen Getreidefeldern vorbei, bis er einen Brunnen sah, neben welchem sich eine Bank und ein Tisch befanden. Über dem Brunnen hing ein Schild, worauf stand: „Zum Ausruhen für müde Wanderer“. Also setzte er sich, breitete seine mitgebrachten Vorräte aus und wollte sich etwas Wasser aus dem Brunnen holen.

Doch als er den Eimer aus dem Brunnen zog, sah er, dass dieser in der Bodenmitte ein Loch hatte. Also suchte er sich einige flache Steine, um damit zu verhindern, dass das Wasser wieder abfloss.

Als er den Eimer das zweite Mal heraufzog, goss er das Wasser in seine Wasserflasche und entdeckte, dass sich an dem einen Stein, welcher sich durch das Ausgießen verschoben hatte, eine Gravur von zwei Buchstaben befand.

Die Buchstaben A+B, welche von einem Herzen umschlossen wurden. Er überlegte, welches Pärchen sich hier wohl verewigt haben mochte.

Nachdem er etwas gegessen und getrunken hatte, zog er weiter durch die Felder auf dem Weg zum Wald.

Nachdem er einen kleinen Hügel überquert hatte, sah er in einiger Entfernung die Bäume des Waldes mit einer kleinen Hütte davor.

Er war glücklich, endlich die Hütte des alten Mannes gefunden zu haben.

Als er an der Hütte ankam, klopfte er an die Tür und horchte, ob sich etwas im Inneren der Hütte regen würde.

Er hörte nichts und überlegte, was er nun machen sollte.

Sollte er warten, bis der alte Mann wiederkam, oder sollte er sich gleich auf den Weg in den Wald machen, um das „Licht der Liebe" zu suchen?

Er entschloss sich zu warten.

Er setzte sich auf einen vor einiger Zeit umgestürzten Baumstamm, von wo aus er die Hütte im Blick hatte.

Gegen Abend sah er in einiger Entfernung eine auf einen Stock gestützte Gestalt auf die Hütte zuhumpeln. Er lief dem alten Mann entgegen und rief freudig, dass er ihn endlich gefunden habe.

Der alte Mann sah ihn verblüfft an und wollte sofort wissen, warum Aron auf ihn gewartet habe. Aron sagte ihm, dass er das „Licht der Liebe" suche und erfahren habe, dass der alte Mann das „Licht der Liebe" vor langer Zeit gesehen hätte.

Der Mann schaute Aron erstaunt an und fragte, leicht in den Bart brummelnd, warum Aron das denn wissen wolle.

Aron erzählte ihm von den Elfen und den drei Dingen, die er besorgen müsse, um eine von ihnen zur Frau zu bekommen. Daraufhin fing der alte Mann an zu schmunzeln.

Nachdem er einige Zeit leise gelacht hatte, lud er Aron auf eine Tasse heißen Kakao ein und erzählte ihm, während sie tranken, von einem Töpfermeister, der nicht weit entfernt seine Werkstatt habe. Diese Werkstatt befinde sich in einem riesigen Baum. Aron bedankte sich und brach auf in die Richtung, die der alte Mann ihm gezeigt hatte.

Nach einigen Kilometern fand er einige große Bäume.

In dem größten Baum, der etwa einen Durchmesser von 10 Metern hatte, befand sich eine Wohnhöhle mit mehreren Regalen, in welchen sich lauter Tonkrüge und Vasen befanden.

Im hinteren Teil der Höhle stand ein alter Gnom über einen Tisch gebeugt und war dabei, aus Ton eine neue Vase herzustellen. Als Aron die Höhle betrat, blickte der alte Gnom auf und fragte, ob er Aron behilflich sein könne.

Aron erzählte ihm von den Elfen und dem alten Mann, welcher in der Hütte am Waldrand wohnte, und auch von dem Brunnen mit dem Stein, auf welchem A+B stand.

Der Gnom lachte leise und erzählte Aron, dass er die Buchstaben vor etwa 50 Jahren in diesen Stein gemeißelt habe. Denn er sei Ben, und seine Frau, welche leider schon viel zu früh gestorben sei, hieße Anna.

Und das „Licht der Liebe“ stehe wirklich in einem seiner Regale und er würde es Aron gern überlassen. Denn er wisse selbst, wie einsam man sich ohne Partnerin fühle.

Also verschwand er für einen kurzen Moment im hinteren Teil der Höhle und kam mit einer Lampe, welche die Form eines Herzens hatte, zurück.

Glücklich bedankte Aron sich bei dem Gnom und steckte die Lampe in seine Tasche. Nun fehlte ihm nur noch der „Schal der Zweisamkeit".

IV

Aron wollte schon gehen, als ihm plötzlich ein Gedanke kam. Er hielt inne und fragte den Gnom, ob er vielleicht auch etwas über den „Schal der Zweisamkeit" wisse.

Der Gnom überlegte eine Weile. Dann meinte er, wenn jemand etwas über diesen Schal wisse, sei es sicher das Wiesel der Kleider.

Aron lachte und fragte, wo denn dieser komische Name herkomme.

Der Gnom lachte ebenfalls und antwortete, dass der Vater des Wiesels ihm diesen Namen gegeben hatte. Denn es habe sich schon in jungen Jahren sehr für Kleider interessiert und daher komme der Name.

Also machte sich Aron auf die Suche nach dem Wiesel der Kleider.
Er stapfte tagelang durch die Wälder, schlief unter umgestürzten Bäumen, in Höhlen oder in geschützten Mulden.

Nach einigen Tagen trat er aus dem Wald und sah unter sich ein kleines Tal, in welchem einige Häuser standen.

Der Abstieg in das Tal war mühsam und er kam nur sehr langsam vorwärts, als er plötzlich bemerkte, dass die Wurzeln der Bäume so aus der Wand des Tals ragten, dass sich eine Art Leiter ergab. Aron kletterte die Leiter hinunter und ging auf die Häuser zu.

Ehe er bei dem ersten Haus anklopfen konnte, öffnete sich ein Fenster und ein Bär schaute hinaus.

Der Bär fragte, was Aron suche.

Aron erzählte ihm von seinen Erlebnissen und seinen drei Aufgaben.

Der Bär überlegte eine Weile, doch er konnte Aron leider nicht weiterhelfen, denn das Wiesel, das früher in einem der Häuser gewohnt hatte, war vor vielen Jahren plötzlich verschwunden.

Aron bedankte sich und durchquerte das Dorf. Er war schon fast am letzten Haus, als er von einem sehr alten Bären angesprochen wurde. Er hätte die Unterhaltung mitbekommen. Er erzählte Aron, er habe das Wiesel der Kleider vor vielen Jahren bei den Trollen, welche am Rande des Düsterwaldes wohnten, gesehen. Doch das sei etwa 30 Jahre her.

Also machte Aron sich auf den Weg zum Düsterwald.

Als er den Rand des Waldes erreichte, suchte er erst einmal einen geeigneten Platz, wo er ein Lager für die Nacht aufschlagen konnte.

Als er am nächsten Morgen erwachte, erschrak er, denn es standen lauter Trolle um ihn herum. Er wurde sofort gefragt, was er hier suche und warum er genau hier an ihrem Platz für den morgendlichen Sport schlafe.

Er antwortete, dass er schon seit einiger Zeit auf der Suche nach den Trollen sei.

Denn er habe erfahren, dass sich der „Schal der Zweisamkeit" bei den Trollen befinde. Daraufhin antworteten die Trolle, dass sich dieser Schal wirklich bei ihnen befinde, doch er sei ihnen sehr bedeutsam, denn sie hätten dadurch eine sehr warme und weiche Unterlage zum Schlafen.

Aron antwortete, dass er diesen Schal unbedingt brauche, denn ohne diesen Schal würde er keine der Elfen zur Frau bekommen.

Er erzählte ihnen von seiner Begegnung mit den Elfen und von seinen Aufgaben.

Der älteste der Trolle sagte ihm, dass er ihm den Schal überlassen würde, wenn er ihnen dafür etwas als Ersatz geben würde. Aron überlegte, was er den Trollen geben könnte, was der Verwendung des Schals entsprechen würde.

Nachdem er einige Zeit nachgedacht hatte, kam er auf die Idee, ihnen einen Teil seines Umhangs dazulassen. Die Trolle waren damit einverstanden und übergaben ihm den „Schal der Zweisamkeit", worauf er ihnen seinen ganzen Umhang aushändigte. Denn er war so glücklich, diesen dritten und letzten Teil seiner Aufgaben erledigt zu haben.

Nachdem er den „Schal der Zweisamkeit" in den Händen hielt, blieb er noch einige Tage bei den Trollen. Er verbrachte einige wunderschöne Tage am Waldrand und am Fluss, bis die Sehnsucht nach den Elfen zu groß wurde und er sich auf den Weg zurück zu ihnen machte.

V

Als er nach einigen Wochen wieder den Wald der Elfen erreichte, suchte er den grünen Rasenplatz, auf welchem er ihnen das erste Mal begegnet war.

Er stand mitten auf dem Rasenplatz und wartete eine Weile, bis plötzlich, wie aus heiterem Himmel, eine Elfe nach der anderen ihn umringte und er nach einigem Gekicher der Elfen gefragt wurde, ob er das „Licht der Liebe" oder den „Schal der Zweisamkeit" gefunden habe.

Voller Freude zog er erst das „Licht der Liebe" und dann den „Schal der Zweisamkeit" heraus, überreichte einer der Elfen beides und trat einige Schritte zurück. Daraufhin riefen die Elfen wie aus einem Munde, dass er die Aufgaben erfüllt habe und das sei sehr bewundernswert. Und dass er sich nun seine Belohnung redlich verdient habe.

Die Elfen stellten sich nun alle in einem riesigen Kreis auf und sahen ihn fragend und doch lächelnd an.

Aron ging eine Weile um den Kreis herum, konnte sich jedoch nicht entscheiden.

Nachdem er den Kreis das dritte Mal umrundet hatte, zeigte er auf eine der Elfen und sagte, dass er diese hier gerne zur Frau nehmen würde.

Daraufhin wurde von den übrigen Elfen ein riesiges Fest vorbereitet, nach welchem sich Aron und die Elfe, welche in der Sprache der Menschen Anna hieß, das Jawort geben sollten.

– ENDE –

Der Gnom

I

Es war einmal vor sehr, sehr langer Zeit, als die Gnome, ein sehr kriegerisches Volk, mit den Kobolden im Krieg lagen.

Doch einem der Gnome, er hieß Rudolf, dem gefiel dieser ganze Krieg nicht. Er erklärte seinen Freunden, dass das Ganze doch keinen Sinn habe und dass das Ergebnis dieses ganzen Krieges nur Leid und Elend auf beiden Seiten verursachen würde.

Er wurde wochenlang nur noch ausgelacht und verspottet, weil es ihm, als Sohn des Kriegervolkes der Gnome, einfiel, den Krieg nicht als etwas Wundervolles zu betrachten. Der Krieg war seit Generationen für die Gnome etwas Wunderbares. Denn sie konnten immer wieder fremde Völker unterjochen oder gar ausrotten. Als er bei seiner Meinung blieb, schlossen ihn die Gnome vom Stamm aus.

Also wanderte Rudolf allein und einsam durch die Wälder und begegnete in den ersten Tagen niemandem. Doch dann, nach einiger Zeit, spürte er, dass er seit einigen Tagen beobachtet wurde. Er war beunruhigt und setzte sich auf einen Baumstumpf am Rande einer Lichtung. Da erschien plötzlich ein Zwerg vor ihm und fragte mit vorgehaltenem Schwert, ob er ein böser Kobold sei.

Rudolf fragte sich, was denn bloß in den Zwerg gefahren sei. Sah er denn aus wie ein Kobold? Er antwortete, er sei ein Gnom; Gnome seien als Volk zwar auch recht kriegerisch, aber er, als einziger Gnom, finde Krieg sinnlos und absolut überflüssig. Und deshalb sei er von dem Stamm der Gnome ausgeschlossen worden.

Der Zwerg überlegte einen Moment und meinte, dass Rudolf bei näherem Hinsehen doch nicht wie ein Kobold aussehe und dass er ihm verzeihen sollte, dass er solch einen Fehler begangen habe. Er sei immer misstrauisch, denn auch er sei vom Volk der Zwerge rausgeschmissen worden und sei von nun an ein Geächteter, weil auch er bei diesem Krieg nicht mitmachen wolle.

Er suche jetzt nach Gleichgesinnten, denen es genau so gehe und mit denen er sich vielleicht zusammentun könne. Er wolle eine eigene Gruppe gründen, die gegen den Krieg sei. Vielleicht könnten sie gemeinsam gegen die anderen, die unbedingt Krieg führen wollten, etwas unternehmen. Doch bis jetzt habe er leider noch niemanden gefunden, dem es genauso gehe wie ihm.

Also beschlossen sie, nachdem der Zwerg sich als Wilson vorgestellt hatte, sich zusammenzutun und eine Gruppe zu gründen. Sie wollten sich die **Ausgestoßenen** nennen.

II

Also überlegten sie, was sie machen sollten. Der Zwerg Wilson hatte die Idee, in den Bäumen einige hölzerne Plattformen zu bauen und diese zum Schutz vor Regen mit Dächern zu versehen. Das sollten die Unterschlüpfe sein, wo sie sich verstecken könnten.

Nachdem sie einige Wochen an ihrer Idee gearbeitet hatten und einige Plattformen schon fertig waren, sahen sie sich ihr Werk an und waren richtig stolz darauf. Sie waren zwar noch nicht ganz fertig, aber die Plattformen und die Balken sowie einige Dächer standen schon.

Nach und nach sprach es sich herum, dass es in diesem Wald einen Gnom und einen Zwerg gab, die von ihren Völkern ausgestoßen worden waren, und dass diese beiden eine Gruppe gegründet hatten, die sie die **Ausgestoßenen** nannten.

Also versammelten sich eines Tages, ohne dass Rudolf und Wilson etwas davon wussten, mehrere auch von ihren Völkern ausgestoßene Gestalten im Wald unter den Bäumen.

Einige wollten gleich damit anfangen, ihre Sachen, die sie in einigen Beuteln auf dem Rücken trugen, auszupacken und ihre mitgebrachten Zelte aufzubauen und einzurichten.

Doch Rudolf sprach von einer der Plattformen aus, dass die Ankömmlinge sich auf dem Platz unter der großen Plattform einfinden sollten. Dann werde man sich erst einmal vorstellen. Also fanden sich wenige Minuten später alle zwischen den Bäumen unter der größten Plattform ein.

Nachdem sich Rudolf vergewissert hatte, dass sich alle Neuankömmlinge unter den Bäumen versammelt hatten, sagte er ihnen, dass alle eine Plattform bekämen, damit sie nicht Gefahr liefen, in der Nacht von einem der Feinde gefunden zu werden. Wenn es zu wenige Plattformen seien, würden sie gemeinsam noch weitere bauen. Und morgen, nachdem alle von der Reise ausgeruht und wieder fit seien, werde man sich erst einmal vorstellen und alle sollten ihre Geschichten erzählen.

Unter den Neuankömmlingen gab es den Wolf – Randolf. Dann gab es das Wiesel mit seiner Frau – Wilfried und Helga; den einsamen Fuchs mit dem Namen Roter Rächer und die zu Unrecht verurteilten Elfen – Sarah und Sonja.

Für Randolf bauten Rudolf und Wilson eine kleine, schräge Leiter, die er an einem Seil mit den Zähnen hochziehen konnte. Die anderen kletterten über eine Strickleiter in die Häuser und schliefen erst einmal den Schlaf der Gerechten bis zum nächsten Morgen.

III

Als die Sonne am nächsten Morgen aufging, wachten zuerst die beiden Elfen Sarah und Sonja auf und liefen, um sich zu waschen, zu einem kleinen Flüsschen, stets auf der Hut, um nicht entdeckt zu werden.

Sie entkleideten sich und fingen an, sich ihre zarten, fast durchsichtigen Körper zu waschen. Dabei machten sie aus, dass eine von ihnen Wache hielt, während die andere sich frisch machte.

Währenddessen erwachten die anderen und das Wiesel und seine Frau überlegten erst einmal, wo sie sich befanden. Nachdem es ihnen eingefallen war, kletterten sie hinunter und wollten als Erstes das Frühstück vorbereiten. Doch Randolf und der Rote Rächer waren schon wach und dösten in der morgendlichen Sonne. Als sie das Wiesel und seine Frau sahen, fingen sie beide an, den Kopf zu schütteln, und Randolf fragte: „Wollt ihr wirklich diese Bäume ohne jeden Schutz verlassen? So seid ihr doch ein leichtes Opfer für jeden eurer Feinde."

Durch das leichte, etwas tiefe Brummen von Randolf wachten Rudolf und Wilson auf und sagten, dass das Frühstück hier oben auf einer der Plattformen gemacht werde. Dabei fiel ihnen auf, dass Sarah und Sonja nicht auf ihrer Plattform waren, und sie fragten, ob jemand wüsste, wo die beiden seien. Keiner wusste es.

Doch fast im selben Augenblick hörten sie das leise Trällern der Elfen, welche fröhlich und frisch gewaschen vom Fluss zurückkamen.

Rudolf schüttelte den Kopf. Darauf sagten die beiden, dass sie sich gegenseitig abgesichert hätten. Also dass die eine von ihnen Wache gehalten habe, während die andere sich wusch und frisch machte. Daraufhin wurden sie auf die Plattform zu den anderen geholt, wo das Frühstück schon fast fertig war.

Für Randolf und den Rächer wurde je ein großes Stück Fleisch geholt, wovon auch das Wiesel und seine Frau etwas abbekamen. Und für die Elfen wurden einige frische Stängel grünes Moos geholt.

Randolf und Wilson begnügten sich mit etwas Brot und Wein, welches sie noch in ihren Beuteln hatten. Ihre Gäste sollten erst einmal satt werden. Denn die lange Reise, die sie hinter sich hatten, hatte sehr an ihren Kräften gezehrt.

IV

Nach dem Frühstück wollten sie alle erst einmal die Umgebung erkunden. Sie kletterten die Strickleitern hinunter und sahen sich um, doch sie konnten nichts Besonderes entdecken. Daraufhin gingen sie einen von Gras überwachsenen Weg entlang. Einige Hundert Meter weiter sahen sie ein großes, von Efeu überwachsenes Haus, in welchem sich mehrere Gestalten der Freude des Trinkens hingaben. Einige aßen auch eine wohlriechende Suppe. Und wie man unschwer erkennen konnte, gab es auch eine Theke und eine Küche im hinteren Teil des Hauses.

Da sie alle etwas Hunger verspürten, wollten die ersten, ohne darauf zu achten, ob ihnen etwas passieren könnte, gleich in das Haus spazieren und sich etwas zu essen bestellen. Doch sie wurden von Rudolf aufgehalten. Er sagte, dass sie erst einmal nachschauen sollten, ob nicht ein Feind unter den Trinkenden sei.

Nachdem Rudolf, der sich seit seinem Rauswurf bei den Gnomen sehr zum Guten verändert hatte, nachgesehen hatte, ob es irgendwelche Feinde der umstehenden Kameraden gab, und erleichtert festgestellt hatte, dass dem nicht so war, das Freizeichen zum Eintritt gab, ließen sich alle an einem Tisch im hinteren Teil des Hauses nieder.

Für Rudolf und den Zwerg gab es ein kühles Bier; für Randolf, den Roten Rächer, Wilfried und Helga gab es einen Krug kühles Wasser und für Sarah und Sonja ein kleines Glas Feenwasser, welches Rudolf aus einem nahe gelegenen, alten, schon vor sehr langer Zeit verlassenen Unterschlupf von irgendwelchen Feen oder Elfen besorgt hatte.

Am Abend, nachdem sie sich alle ziemlich angeheitert verabschieden wollten, wurden sie von den anderen Gästen daran gehindert: es sei vor allem in der Nacht ziemlich unsicher in dieser kriegerischen Zeit.

Sie sollten sich lieber jeder ein Zimmer in dieser Herberge nehmen und erst morgen früh weiterziehen. Da sie zu acht waren, wurden ihnen vier große, unterirdische Räume, die früher als Lagerräume benutzt worden waren, angeboten. Sie nahmen alle dankend an und auf die Frage, was das Ganze koste, bekamen sie die Antwort, dass in dieser kriegerischen Zeit jeder für eine Nacht kostenlos aufgenommen werde, um in diesem Wald und in der Dunkelheit nicht überfallen und schlimmstenfalls getötet zu werden.

Sie bekamen alle zu zweit ein Zimmer, um am nächsten Morgen zurück zu ihren Plattformen wandern zu können.

Am nächsten Morgen machten sie sich nach einem guten Frühstück auf den Weg zurück nach Hause.

Unterwegs kamen sie an einigen verlassenen und sicher aussehenden Erdhöhlen vorbei. Wilfried und Helga waren des Wanderns überdrüssig und beschlossen, in einer der Erdhöhlen ihr neues Zuhause gefunden zu haben. Der Rote Rächer überprüfte erst einmal alle Höhlen, denn seiner feinen Nase entging selten etwas. Nachdem er alle Höhlen auf ihre Sicherheit überprüft hatte, konnten die beiden Wiesel ungehindert in ihr neues Zuhause einkehren. Der Abschied verlief nicht ohne Tränen auf beiden Seiten.

Die anderen machten sich wieder auf den Weg zurück nach Hause.

Nach einiger Zeit hörten sie aus dem Unterholz erboste Stimmen. Aus der Nähe, im Schutz der Büsche, erkannten sie, dass es einige Kobolde waren, die sich über das Entkommen einiger Gefangener stritten. Da sie aber nach dem Streit zu dem Schluss kamen, dass sie nichts mehr dagegen unternehmen konnten, zogen sie mit dem Karren und den drei Gefangenen weiter. Rudolf und seine Freunde waren erleichtert, dass sie nicht entdeckt worden waren. Als sie am nächsten Morgen – sie waren die ganze Nacht durchgelaufen, immer auf der Hut, nicht entdeckt zu werden – ihr Zuhause erreichten, waren sie richtig erleichtert.

Am nächsten Morgen, die Sonne ging gerade in einem leuchtenden Feuerball hinter den Bäumen auf, erfuhren sie durch einen Brief, den ihnen eine Elster überbrachte, dass es im ganzen Land eine Unruhe gab, weil der König, ein Kobold, befohlen hatte, alle Gnome zu töten. Sie hofften, dass es niemals so weit kommen möge. Denn nur der König könnte dieser abscheuliche Krieg beenden. Und nur dann könnten alle wieder in Frieden leben, ohne Angst haben zu müssen, verfolgt, gefangen genommen oder getötet zu werden.

Sie erfuhren aus diesem Brief auch noch, dass die Gnome, die eigentlich sehr kriegerisch waren, sich im Laufe der Zeit auf die Seite der Guten geschlagen hatten.

Als sie diese Neuigkeit erfuhren, freuten sich alle sehr. Doch vor den Kobolden müssten sie immer noch auf der Hut sein. Sie hörten einige Tage später, dass einige Gnome auf einer Lichtung in der Nähe ein riesiges Fest feiern wollten. Also machten sie sich auf den Weg, um mal wieder andere Leute zu sehen und vielleicht auch mit ihnen zu feiern.

Als sie auf die Lichtung zugingen, wurden sie alle etwas ängstlich. Denn sie wussten nicht, was sie erwarten würde. Plötzlich, sie umrundeten gerade eine Gruppe von Büschen, wurden sie von einer fröhlichen Stimme begrüßt.

Eine Gruppe Gnome saß fröhlich trinkend da und

feierte den Wechsel auf die Seite der Guten. Sie erschraken alle sehr. Doch nachdem sie zu dieser Feier eingeladen wurden, verflog die anfängliche Angst schnell. Rudolf wurde nach einiger Zeit von anderen Gnomen erkannt und wurde zu dem Anführer der Gruppe geführt. Dieser begrüßte ihn herzlich und schlug vor, ihn zum Weisesten unter den Gnomen zu ernennen. Denn er sei der Erste gewesen, der von Anfang an nichts vom Krieg wissen wollte. Er bekam daraufhin einen Platz als weiser, voraussehender Gnom angeboten und sie würden sich freuen, wenn er diese Position in ihrer Gruppe annehmen würde. Rudolf überlegte eine Weile und stimmte dann zu.

Im Laufe der Versammlung kam er dann zu dem Entschluss, dass er mit denen, die ihm helfen würden, zum König der Kobolde gehen und die Freilassung aller Gefangener fordern würde. Wenn der König nicht zustimmen wollte, würden sie ihn so lange gefangen nehmen, bis der letzte Gefangene frei sei.

Er würde die schlimme Nachricht, dass alle Gnome getötet werden sollten, zum Anlass nehmen, zum König zu gehen.

Bei den Gnomen wurde heftig diskutiert. Die einen sagten, das sei eine dumme Idee. Doch die anderen fanden, dass diese Idee zwar gefährlich, aber durchaus durchführbar sei.

Jedoch auf die Frage hin, wer von ihnen sich Rudolf anschließen würde, wurden alle kreidebleich und verneinten, dass sie mitkommen würden. Denn es hatten alle viel zu viel Angst, den Kobolden noch einmal gegenüberzutreten.

Also wanderten Rudolf und seine fünf Freunde, immer auf der Hut, nicht entdeckt zu werden, in die Nähe des Lagers der Kobolde, wo sich der König aufhalten sollte.

Es war schon gegen Abend, als Randolf mit seiner feinen Nase den Geruch von Rauch wahrnahm. Er meinte, dass jetzt große Vorsicht angebracht sei. Etwas später erkannten sie zwischen den Bäumen mehrere Feuer, um welche die bösartigen Kobolde tanzten und lauthals sangen, dass ihnen bald der ganze Wald, das ganze Land und irgendwann die ganze Welt gehören würde.

Daraufhin erschraken Rudolf und seine Freunde, denn sie versuchten sich vorzustellen, was dann aus ihnen allen werden würde, wenn die Welt von diesen bösartigen Kobolden regiert würde. Dieser Gedanke allein war so schrecklich, dass sie es sich nicht einmal vorzustellen vermochten. Denn dieser grauenhafte Gedanke überstieg ihre Vorstellungskraft.

Sie schlichen sich weiter an das Lager heran und überlegten, was nun zu tun sei.

Als Erstes überlegten sie, wo die Gefangenen sein könnten. Die Gruppe der Gnome sagte, dass bei ihrer Flucht sich das Gefangenenlager neben dem Haus des Anführers, also des Königs, befunden habe. Doch es sei durchaus möglich, dass die Kobolde es wieder verlegt hätten. Denn das passiere ständig. Also beschlossen sie, dass sich Randolf mit seinen guten Ohren an die hintere Seite des Lagers schleichen solle; der Rote Rächer an die linke und Wilson an die rechte Seite.

Sie sollten nur beobachten, ob ihnen etwas auffalle. Rudolf und die Elfen würden hier vorn alles beobachten. Die Gruppe Gnome solle sich etwas weiter hinten im Wald umsehen, damit es keine böse Überraschung geben würde.

Nach einiger Zeit kehrten Randolf und Wilson zurück und sagten, dass sie nichts Besonderes entdeckt hätten. Der Rote Rächer kam plötzlich mit hängender Zunge angelaufen und berichtete, dass sich die Gefangenen – darunter wären Elfen, Zwerge, Gnome und andere Lebewesen – in einem streng bewachten Haus auf der linken Seite befänden. Die Gnome Jon, Sam und Justin kamen nach einer Weile auch angeschlichen und berichteten, dass sich keiner der Kobolde im Wald hinter ihnen befinden würde.

Also beratschlagten sie, was sie unternehmen könnten, um die Gefangenen zu befreien. Randolf und der Rote Rächer hatten die Idee, einen Tunnel bis unter das Haus zu graben und die Gefangenen auf diese Weise zu befreien. Die fünf Freunde hielten das für eine gute Idee. Die Gnome befürchteten jedoch, dass dieser Plan nicht gelingen würde, denn es würde jeden Tag nachgesehen, ob nicht jemand entwischt oder gestorben sei. Randolf und der Rote Rächer waren aber schon dabei, zu graben. Also stellten sich die Übrigen in einiger Entfernung auf und hielten Wache, damit Randolf und der Rote Rächer nicht überrascht werden würden.

Nach einigen Stunden, es wurde schon langsam dunkel, krochen Randolf und der Rote Rächer aus ihren Gängen heraus und waren sichtlich erschöpft. Sie ruhten sich erst einmal einige Minuten aus, aßen etwas, das Rudolf und Wilson ihnen aus dem Wald besorgt hatten, und löschten ihren Durst. Danach gruben sie weiter. Es war kurz nach Mitternacht, der Mond hatte den Zenit gerade überschritten, da kamen Randolf und einige der Gefangenen aus dem Tunnel herausgekrochen. Es waren eine Hasenfamilie und acht Zwerge. Die Hasenfamilie, bestehend aus Vater, Mutter und acht Kindern, bedankte sich sehr herzlich für die Befreiung und hoppelte sofort weiter in den Wald und nach Hause.

Die acht Zwerge wurden gefragt, warum sie gefangen genommen worden waren. Sie antworteten, weil sie auf die Seite der Guten gewechselt hätten, aber zu langsam waren, als sie weggehen wollten, und deshalb seien sie gefangen genommen worden.

Einige Minuten später kam auch der Rote Rächer aus seinem Gang und verfluchte seine Orientierung. Denn er sei in einem Lagerhaus auf der anderen Seite des Lagers herausgekommen.

Die Zwerge bedankten sich für ihre Befreiung und verschwanden im Wald.

Bevor auch der Letzte von ihnen im Wald verschwand, erfuhr Rudolf, wo sich die anderen Gefangenen befanden. Die seien in einem unterirdischen Gewölbe gefangen. Es seien so um die 250 Gefangene und ein riesiger Drache, welcher sie bewache. Die acht Zwerge seien gestern seinem Feuerstrahl entkommen, wurden aber einige Zeit später wieder gefangen genommen. Und die Gefangenen würden hier oben eingesperrt, bis die Kobolde sie wieder in das unterirdische Gewölbe bringen würden.

Rudolf besprach das Ganze mit seinen Freunden und erfuhr von Wilson, der die drei Gnome aus dem Wald holen sollte, dass diese wahrscheinlich aus Angst geflohen seien.

Also überlegten Rudolf und seine Freunde, wie sie in dieses unterirdische Gewölbe gelangen und unbemerkt die Gefangenen befreien könnten. Rudolf bemerkte, dass aus seinem gegrabenen Tunnel eine kleine Maus herauskroch. Die Maus wurde von ihm aufgehalten, bevor sie in den Wald entwischen konnte. Die zitternde Maus wurde von Rudolf in die Gruppe geholt, aber ihr wurde vorher erklärt, dass keiner von ihnen zu der Armee der Kobolde gehören würde. Sie brauchte eine Weile, um ihre Angst zu überwinden. Aber nachdem ihr klar geworden war, dass niemand ihr etwas Böses wollte und dass sie nur die Gefangenen befreien wollten, fasste sie Vertrauen zu der Gruppe.

Ihr wurde der Plan zur Befreiung der Gefangenen erklärt. Trotz großer Angst war sie damit einverstanden, dass sie es in der Nacht probieren solle, einen Weg in dieses Gewölbe zu finden. Andrea, so hieß die Maus, erklärte sich damit einverstanden. Also versuchte sie in der nächsten Nacht erst einmal herauszufinden, wie sie unbemerkt in das Lager kommen und das erste Haus auskundschaften könne.

Nachdem sie in Erfahrung gebracht hatte, dass die beste Möglichkeit sei, sich zwischen den Büschen bis zum ersten Haus zu pirschen, warteten sie alle ab, bis der nächste Abend hereinbrach. Dann machte sich Andrea auf den Weg. Sie pirschte sich von Strauch zu Strauch und das Einzige, was man hören konnte, war das Rascheln der Büsche, was ohne Weiteres auch der Wind hätte sein können.

Als sie unbeobachtet das erste Haus erreichte, hörte sie nichts.

Sie bemerkte, dass die rechte Seitenwand des Hauses etwas uneben gebaut war, sodass sie leicht unter den Brettern durchschauen konnte. Sie wartete erst einmal eine Weile ab, ob Wachen dieses Haus beobachteten. Nach einiger Zeit, die ihr unendlich lang vorkam, kroch sie äußerst behutsam zu der Bretterwand und lugte durch einen Spalt. Doch sie konnte nur Kisten erkennen. Also kroch sie ganz hindurch und erkannte, dass dieses Haus nur ein Lagerhaus war. Es war ein Lagerhaus mit Kisten, bei denen sie nicht wusste, was sie beinhalteten. Und wie sie voller Schreck bemerkte, auch für Waffen, welche sich an der Wand gegenüber befanden. Also beschloss sie, wieder zurückzuschleichen und zu berichten.

Als sie zurückkam, warteten alle schon gespannt auf ihren Bericht. Andrea erzählte, dass sie nicht entdeckt worden war und dass dieses Haus als Lager für irgendwelche Kisten und anscheinend für die ganzen Waffen der Kobolde benutzt wurde. Die Waffen hingen an der Wand und waren auch davor aufgestapelt.

Anschließend wollten sie das nächste Haus untersuchen, doch Rudolf meinte, dass es dafür schon zu spät sei und dass sie sich alle bis zum nächsten Abend einen sicheren Unterschlupf suchen und sich den Tag über aufs Ohr legen sollten. Gesagt, getan.

Als sie am nächsten Abend zurückkehrten, waren die Kobolde in Aufruhr, weil sie bemerkt hatten, dass alle Gefangenen auf der oberen Ebene entkommen waren. Nach einiger Zeit kehrte Ruhe im Lager ein, und es wurden an jeder Ecke des Lagers Wachen aufgestellt.

Doch für Andrea war es kein Problem. Sie schlich sich an das Haus, welches das mittlere auf der linken Seite war. Die anderen schlichen sich auf die linke Seite des Lagers und warteten, bis Andrea wiederkam, um ihnen zu berichten.

Diese wiederum schlüpfte durch den Zaun und benutzte die Büsche zur Deckung. Durch einen Schlitz in der Wand konnte sie in das Haus sehen. Sie konnte vor Dunkelheit nichts erkennen, aber sie hörte tiefes Gebrumme und lautes Schnarchen. Sie schlich sich zurück und berichtete, was sie gehört hatte. Daraus schlossen auch die anderen der Gruppe, dass dieses Haus zum Schlafen genutzt wurde. In der Ferne hörte man ein Käuzchen schreien. Sie lauschten. Doch im nächsten Augenblick waren alle wieder bei der Sache und ihre Vorsicht war wieder da.

Im letzten Haus auf der linken Seite war alles totenstill und Andrea berichtete, nachdem sie auch dieses auf mögliche Gefahren hin untersucht hatte, dass sich in diesem Haus lauter Stuhlreihen befänden und ganz vorn ein großes Pult mit einem einzigen Stuhl sei, hinter dem ein Wandteppich hing. Daraus wurde geschlossen, dass dieses Haus ein Versammlungs- und Besprechungsort sei.

Am östlichen Horizont wurde durch einen zarten roten Streifen erkennbar, dass die Sonne bald aufgehen würde. Also liefen sie alle so schnell wie möglich und äußerst vorsichtig, nicht entdeckt zu werden, zu ihrem sicheren Unterschlupf, um bis zum nächsten Abend erst einmal zu schlafen.

Doch sie wurden mitten am Tag durch lautes Gebrüll geweckt. Andrea schlich sich behutsam bis an den Ausgang ihres Versteckes und sah einen klobigen Wagen, auf dem sich einige Gefangene befanden. Der Wagen wurde von einem Wildpferd gezogen. Und die drei Kobolde, die den Wagen bewachten, brüllten und schlugen mit einer Peitsche nach dem Pferd und den Gefangenen, weil es ihnen nicht schnell genug ging. Daraufhin schlüpfte Andrea zurück und berichtete den anderen, was sie gesehen hatte.

Am nächsten Abend wollten sie zuerst das Haus auf der anderen Seite des Lagers erkunden, das neben dem Haus mit den Waffen lag. Sie waren alle ganz gespannt, was sie erwarten würde. Als sie das Haus fast erreicht hatten, sahen sie ein dämmriges Licht durch die kleinen Fenster dringen.

Also waren sie besonders vorsichtig. Als sie sich den Büschen, die das ganze Lager eingrenzten, näherten, hörten sie rege Unterhaltungen und leises Schnarchen. Daraus schlossen sie, dass auch das ein Schlafhaus sei. Sie hörten einige von den bösen Kobolden, die etwas angetrunken zu diesem Haus gingen. Sie unterhielten sich, aber man konnte nichts verstehen, weil sie ziemlich beschwipst waren. Aber aus dem Haus hörte man Rufe, dass man die geflohenen Gefangenen sicher bald wieder einfangen würde.

Rudolf und seine Freunde waren sehr zufrieden mit dem, was sie bis jetzt erreicht hatten. Doch sie wollten unbedingt noch die anderen Gefangenen befreien und den König stürzen, sodass er niemanden mehr gefangen nehmen könnte.

Das nächste Haus, das sich neben dem Schlafhaus befand, stellte sich als die Küche der Kobolde heraus. In der Mitte dieses Hauses sei, so sagte Andrea, nachdem sie dieses Haus untersucht hatte, eine riesige Wendeltreppe mit einem Gitter vor dem Eingang, die nach unten führte. Und man höre lautes, Furcht einflößendes Gebrüll. Sie habe versucht, dieses Gitter zu öffnen, aber das sei ihr wegen ihrer Größe unmöglich gewesen.

Da der Himmel im Osten rötlich zu schimmern begann, zogen sie sich alle wieder in ihren Unterschlupf zurück und schliefen bis zum nächsten Abend.

Am nächsten Abend, sie wussten jetzt ja, wo sich die Gefangenen befanden, umrundeten sie, natürlich auf ihre Sicherheit bedacht und im Schutz der Bäume, das Lager. Randolf versuchte zu diesem Gewölbe einen Gang zu graben, doch gab er nach einiger Zeit auf und berichtete, dass der Boden zu steinig sei. Daraufhin schickten sie Andrea erst einmal wieder in die Küche, um nachzusehen, ob alles sicher sei. Nachdem sie bestätigt hatte, dass sich niemand in der Küche befinde, schlichen sich alle hinein, ohne auch nur einen Laut von sich zu geben.

Überall lagen Essensreste herum, welche die Kobolde anscheinend achtlos weggeworfen hatten. Randolf und der Rote Rächer stellten sich an den Fenstern auf und beobachteten mit ihren scharfen Augen, ob sich jemand näherte. Sarah und Sonja schafften es durch ihre magischen Kräfte, von denen sie bis jetzt niemandem erzählt hatten, sich durch die Gitterstäbe zu schlängeln. Nach einiger Zeit hörte man von unten ein fürchterliches Gebrüll.

Sarah und Sonja kamen erschrocken zurück und berichteten, dass dieser Drache an der Wand angekettet sei und niemand auch nur in die Nähe der Gefangenen kommen könne. Andrea wollte sich selbst ein Bild von der Lage machen und kroch unter den Gitterstäben hindurch. Sie untersuchte das Gewölbe auf Möglichkeiten, die es gestatten würden, zu sehen, aber nicht gesehen zu werden. Es vergingen einige Minuten, bis sie wieder an den Gitterstäben erschien. Schon von Weitem berichtete sie, was sie gesehen hatte.

Man komme kurz nach dem Eingang zur Grotte zu einer kleinen Nische, welche durch eine etwas kleinere Grotte und durch einen Tunnel bis hinter den Drachen führe. Von dort aus seien es nur wenige Meter bis zu den Gefangenen. Doch es sei sehr gefährlich und fast unmöglich, unbemerkt an dem Drachen vorbeizukommen.

Rudolf hatte eine Idee. Es wäre doch eine gute Idee, wenn sich Sarah und Sonja in der Küche verstecken und aufpassen würden, damit sie nicht überrascht werden könnten. Denn die Befreiung der Gefangenen würde wahrscheinlich etwas Zeit in Anspruch nehmen.

Randolf, der Rote Rächer und Wilson hatten etwas Bedenken. Aber Rudolf meinte, dass sie es ohne Weiteres schaffen könnten.

Er schlich sich von hinten an den Drachen heran und machte sich erst einmal ein Bild von der Lage. Die Gefangenen waren auf der rechten und der Eingang der Grotte auf der linken Seite des Drachen.

Er hielt es für eine sehr gute Idee, wenn Randolf, der Rote Rächer, Wilson und Andrea am Eingang etwas Lärm machen würden, damit der Drache seine Aufmerksamkeit in ihre Richtung lenken würde und Rudolf, der natürlich sehr große Vorsicht walten lassen müsste, die Gefangenen befreien könnte. Also schlich er sich, auf seine Sicherheit achtend, zurück zu den anderen und besprach mit ihnen erst einmal den Plan.

Rudolf, der Rote Rächer und Wilson waren damit einverstanden. Aber Andrea, die sich trotz allem etwas fürchtete, fing an zu zittern und fiepte leise, dass sie immer noch etwas Angst habe.

Plötzlich kam eine der Elfen, es war Sarah, angeschwebt und berichtete leise, dass eine Gruppe von Kobolden mit einigen Gefangenen hierher auf dem Weg sei. Daraufhin versteckten sie sich alle in der Nische hinter dem Drachen und beobachteten, wie die Kobolde es anstellen würden, an diesem Ungetüm von Drachen vorbeizukommen. Einer der Kobolde griff neben dem Eingang zur Grotte in ein kleines Loch und holte eine Panflöte heraus. Die Gefangenen fingen vor Angst an zu schreien.

Daraufhin holte einer der anderen Kobolde aus seinem Überwurf eine Peitsche heraus, schlug auf die Gefangenen ein und brüllte, dass sie ruhig sein sollten. Die Gefangenen verstummten. Und der Kobold mit der Panflöte fing an, auf dieser Flöte eine sehr einfache Melodie zu spielen. Sofort verstummte der Drache, setzte sich ganz ruhig in die Ecke und ließ die Kobolde ihrer Tätigkeit nachgehen.

Die Gefangenen zitterten, schluchzten und schrien vor Angst. Der Kobold mit der Panflöte grinste boshaft, während er weiterspielte. Nachdem die Kobolde die Gefangenen im Gefängnis abgeliefert hatten und auf dem Weg zum Eingang der unterirdischen Grotte waren, hörte der Kobold auf, die Melodie auf der Panflöte zu spielen, und der Drache, der bis dahin ruhig in der Ecke gesessen hatte, fing wieder an zu brüllen und Feuer zu speien. Sarah folgte den Kobolden in gewissem Abstand und wartete, bis sie die Küche verlassen hatten. Sarah rief nach ihrer Schwester Sonja. Diese erschien ängstlich hinter dem Backofen und fragte leise, ob die Luft wieder rein sei und wirklich alle Kobolde fort seien. Sarah bestätigte es ihr und Sonjas kreidebleiches Gesicht, das auch sonst etwas leicht Durchsichtiges hatte, bekam vor Freude wieder etwas Farbe. Also gingen oder, besser gesagt, schwebten sie beide wieder in diese unterirdische Grotte und fanden ihre Freunde, die richtig ängstlich kurz vor dem Eingang zur Grotte auf die zwei warteten. Nun besprachen alle, wie es weitergehen sollte. Randolf war der Erste, der eine Idee hatte.

Er schlug vor, dass Wilson die Panflöte holen sollte, während die anderen auf ihn warten würden. Wilson antwortete etwas erbost, dass das bei seiner Größe eine sehr blöde Idee sei. Andrea fragte zaghaft, ob es nicht besser sei, sich aufzuteilen. Drei von ihnen könnten sich auf die andere Seite des Drachen schleichen und die anderen würden hierbleiben. Dann könnten sie abwechselnd auf sich aufmerksam machen und einer von denen, die am Eingang der Grotte bleiben würden, könne dann die Panflöte holen. Und dann darauf diese Melodie spielen, während die anderen die Gefangenen befreien würden.

Dieser Vorschlag wurde nach einigem Hin und Her einstimmig angenommen. Also trennten sie sich und Randolf, der Rote Rächer und Andrea schlichen sich auf die andere Seite des Drachen, bei jedem Schritt sorgsam darauf bedacht, kein Geräusch von sich zu geben. Als sie auf der anderen Seite angelangt waren, gab Andrea einen piepsenden Laut von sich und der Drache, der bis dahin nur die Gefangenen im Blick hatte, drehte sich ruckartig um und ließ die Gefangenen aus seinem Blickfeld. Im nächsten Moment fingen Rudolf, Sarah, Sonja und Wilson an, Lärm zu machen. Darauf drehte sich der Drache sofort wieder zum Eingang der Grotte um. So ging es einige Zeit hin und her, bis Rudolf durch einen vorher besprochenen Ton das Zeichen gab, dass Rudolf, der Rote Rächer und Andrea etwas länger rufen sollten und Rudolf während dieser paar

Momente die Panflöte schnell an sich bringen würde. Als er die Panflöte in den Händen hielt, fingen die Gefangenen an, aufgeregt zu rufen. Das brachte den Drachen natürlich richtig durcheinander.

Rudolf versuchte, jene einfache Melodie zu spielen. Aber es gelang ihm nicht. Also versuchte es Wilson als Nächster, doch er konnte der Panflöte nicht einmal einen Ton entlocken und gab völlig entnervt auf. Dann wollte es Sarah versuchen, doch sie brachte leider auch nur einige piepsende Töne hervor. Sonja sagte, sie wolle Sarah mal vorpfeifen, welche Töne sie spielen solle. Sie fing an zu pfeifen und im selben Moment hörte der Drache auf zu brüllen und Feuer zu speien.

Alle waren sehr verwundert, dass Sonja so gut pfeifen konnte. Selbst sie hätte nie gedacht, dass sie das könne. Also fing sie an zu pfeifen und der Drache setzte sich sofort wieder in die Ecke und wurde ganz ruhig. Daraufhin kamen Rudolf, Randolf, der Rote Rächer, Sarah, Wilson und Andrea zusammen und überlegten, wie sie die Gefangenen befreien könnten. Niemand von ihnen hatte eine Idee, bis Andrea sich meldete und piepste, dass sie beobachtet hätte, wie der Kobold, der die Gefangenen brachte, in eine Nische rechts neben dem Eingang gegriffen habe und das Gitter daraufhin aufgegangen sei. Also suchte Rudolf nach dieser Nische. Als er sie fand, betätigte er den Hebel, der sich darin befand. Plötzlich ging das Gitter, welches das Verlies versperrte, auf und die Gefangenen wollten sofort nach oben stürmen. Doch Rudolf hielt sie auf und sagte ihnen, dass sie sich alle oben in der Küche versammeln sollten. Nachdem sie alle das Verlies verlassen hatten, fragte der Drache ganz bescheiden, was denn nun aus ihm werden solle. Er sei Anton, war von den Kobolden gefangen genommen worden und sollte die Gefangenen bewachen. Denn wenn er das nicht getan hätte, so sagten die Kobolde, hätten sie seine Familie gefangen genommen. Und jetzt würde er den anderen Gefangenen auch wirklich nichts tun. Also nahm Rudolf dem Drachen die Kette, mit der er an der Wand angekettet war, ab und führte ihn nach oben bis in die Küche, wo Anton die Geschichte für die anderen Gefangenen, die natürlich sehr große Angst vor dem Drachen hatten, noch einmal wiederholte.

Anton hatte, nachdem er seine Geschichte beendet hatte, die Idee, die Gefangenen auf seinem Rücken Platz nehmen zu lassen, die Hüttenwand mit einem Feuerstrahl in Brand zu setzen und zum Einsturz zu bringen, um dann mit den Gefangenen in einem schnellen Start davonfliegen.

Das Problem war nur, dass nicht alle Platz auf seinem Rücken fanden. Rudolf sagte, dass es eventuell eine Lösung gäbe. Antons Start würden die Kobolde natürlich bemerken und versuchen, ihn aufzuhalten. Dabei würden sie natürlich nur in seine Richtung sehen. Alle Gefangenen, die gut zu Fuß waren und schnell laufen konnten, sollten jetzt in die andere Richtung in den Wald laufen, um so zu entkommen. Sie würden sich dann alle auf der großen Lichtung im Wald treffen, was vorher mit allen Gefangenen ausgemacht wurde. Also setzten sich alle Gefangenen, die kleiner als Rudolf und nicht so gut zu Fuß waren, auf Antons Rücken. Und alle Gefangenen, die größer und gut zu Fuß waren, warteten darauf, dass es losging. Anton zählte von drei an rückwärts und ließ dann durch einen gewaltigen Feuerstrahl die Holzwand vor sich in Flammen aufgehen. Es gab ein richtig lautes Krachen, als die Holzwand in sich zusammenbrach. Anton erhob sich mit den Gefangenen in die Lüfte. Die Kobolde waren durch diesen gewaltigen Start natürlich sehr abgelenkt, verfolgten ihn und versuchten, ihn mit ihren Waffen aufzuhalten. Die Gefangenen, die nicht auf seinem Rücken Platz gefunden hatten, flohen unbemerkt in den Wald und waren froh, endlich diesem Gefängnis entkommen zu sein, um bald wieder ein glückliches Leben anfangen zu können.

Nachdem Anton mit den kleineren Gefangenen auf dem Rücken auf der vorher ausgemachten Lichtung ankam, wollten die kleinen Gefangenen nicht von seinem Rücken steigen. Sie wollten, dass die Elfen erst einen Schutzkreis um diese Lichtung legten, der jeden, der sich im Inneren des Kreises befinden würde, für alle außerhalb des Kreises unsichtbar machen würde. Einige Momente später kamen die größeren Gefangenen an. Es waren Bären, Hirsche, Gnome, Elfen und jede Menge andere Wesen, die größer waren als ein Zwerg. Sofort legten Sarah, Sonja und die anderen gefangenen Elfen, die natürlich auch über magische Kräfte verfügten, einen Schutzkreis um diese ganze Lichtung.

Alle versammelten sich in einem Kreis und besprachen, was sie als Nächstes unternehmen würden.

Rudolf hatte eine perfekte Idee. Er würde mit Anton und einigen der anderen zurück zum Lager fliegen und den König gefangen nehmen. Er würde von ihm fordern, dass die Kobolde keinen Krieg mehr führten. Sehr viele hatten Angst davor, noch einmal zu den Kobolden zurückzufliegen. Aber einige wenige stimmten diesem Vorschlag zu und sagten, es sei eine sehr gute Idee. Denn wenn sie die Kobolde zur Aufgabe zwingen könnten, würden sie alle frei sein und müssten nicht mehr in Angst leben.

Also nahm Anton Rudolf und fünf andere, die den Mut hatten, noch einmal in dieses Lager zu fliegen, auf den Rücken und flog wieder zurück. Sie sahen nach einiger Zeit viele Kobolde, die durch den Wald liefen, um die entflohenen Gefangenen wieder zurückzubringen. Da Anton aber sehr hoch flog, wurde er von den Kobolden nicht gesehen. Als er in einiger Entfernung das Lager der Kobolde erkannte, setzte er in einem kreisenden Sinkflug zur Landung an. Anton überflog in geringem Abstand das Lager und Randolf sah nach, ob er einen der bösen Kobolde entdecken konnte. Als sie das Lager einige Male überflogen hatten und ihnen kein Kobold aufgefallen war, setzte Anton vor dem Haus des Königs zur Landung an. Sofort kamen zwei Kobolde herausgestürmt. Beide hatten ihre Schwerter gezogen und fuchtelten damit in der Luft herum. Anton, der natürlich wegen seiner Gefangennahme ziemlich schlecht auf die Kobolde zu sprechen war, schlug mit seiner Pranke einmal nach rechts und einmal nach links und beide flogen daraufhin einige Meter durch die Luft. Rudolf und die mutigsten der Gefangenen sprangen von Antons Rücken und drangen in das Haus des Königs ein. Als sie die Tür öffneten, sahen sie den König ängstlich auf seinem Thron sitzen und zitternd sagen, dass seine Leute sicher bald zurückkommen würden. Daraufhin nahmen Rudolf, Sven und Jason, zwei der mutigen Gefangenen, ein Seil, das an der Wand hing, und gingen auf den König zu. Rudolf ging hinter den Thron und sagte dem König, dass seine Schreckensherrschaft vorbei sei. Sven warf Rudolf das eine Ende des Seils zu, sodass dieser es einige Male um den König schlingen und dann das übrig gebliebene Ende Jason zuwerfen konnte. Dann verknoteten Sven und Jason das Seil und zogen den König mit auf den Rücken von Anton.

Dieser erhob sich wieder in die Lüfte und flog zurück zur Lichtung. Da die Elfen aber einen Schutzkreis um die Lichtung gelegt hatten, hatten sie ausgemacht, dass sie diesen aufheben würden, wenn Anton im Anflug sei, um ihn nach seiner Landung sofort wieder zu errichten.

Nachdem dem König, der vorher von Rudolf gefesselt und geknebelt worden war, der Knebel abgenommen wurde, fing dieser fürchterlich an zu brüllen und nach seinen Leuten zu schreien.

Die Gefangenen wollten sich an dem König für seine Grausamkeit rächen. Aber Rudolf hielt sie zurück. Er sagte, dass sie den Kobolden eine Nachricht zukommen lassen würden, um ihnen mitzuteilen, dass der König erst freigelassen würde, wenn sie diesen Wald und dieses Land verlassen würden und niemals wieder einen Fuß auf diesen Boden setzen würden. Rudolf würde sie auf Antons Rücken aus der Luft beobachten und wenn sie weit genug entfernt waren, würde er den König, den er gefesselt vor sich sitzen hätte, bei ihnen abliefern. Die Elfen würden in dieser Zeit einen magischen Ring um das ganze Land legen.

Zwei Wochen später verließ auch der letzte Kobold das Land, und Anton flog, nachdem er gesehen hatte, wie der Kreis von den Elfen geschlossen worden war, wieder zurück. Rudolf wollte daraufhin ein richtiges Fest feiern, weil die Kobolde dieses Land, so dachten sie, verlassen hätten. Als sie das Fest vorbereiteten, kamen einige anscheinend zurückgebliebenen Kobolde an und fragten, ob sie bleiben dürften und helfen könnten, dieses Land wiederaufzubauen. Sie hätten nach einiger Zeit im Dienste des Königs Zweifel daran gehabt, ob das, was sie machten, richtig sei. Und sie wären froh, bei Rudolf und den anderen bleiben zu dürfen. Rudolf überlegte, ob das eine gute Idee sei. Nachdem sie sich jedoch alle hinknieten und ihm den Treueschwur leisten wollten, erkannte er, dass sie es ernst meinten. Und er antwortete, sie könnten bleiben. Aber das mit dem Treueschwur sollten sie bleiben lassen.

Die Kinder des Poseidon

Eines Tages, es war gegen die Mittagsstunde, fanden die Geschwister Richard und Sonja, die Kinder des Meeresgottes Poseidon, auf einem ihrer Ausflüge durch das Meer ein altes Schiffswrack. Sie sahen es sich genauer an und lasen auf der Schiffsglocke die Jahreszahl 1538. Demnach war es im 16. Jahrhundert gebaut worden. Dieses Jahrhundert interessierte sie wirklich sehr. Ihr Vater hatte ihnen viele interessante Geschichten erzählt und viele davon waren aus diesem Jahrhundert.

Als sie das Schiff umschwammen, entdeckten sie auf der vorderen Seite ein riesiges Loch, welches wahrscheinlich dazu geführt hatte, dass das Schiff gesunken war. Aus Neugier und Interesse schwammen sie in dieses Loch hinein und entdeckten, dass sich dort außer zwei Türen auch eine Treppe befand, die nach unten führte. Auf der einen Tür stand, unter dem Muschelbewuchs kaum erkennbar, „Captain" und auf der anderen „Mannschaft". Sie überlegten, welche sie als Erstes öffnen sollten. Nach einiger Zeit, die Luftblasen kringelten sich schon zu Denkwolken zusammen, entschieden sie sich für die Tür des Kapitäns. Mit vereinten Kräften versuchten sie, die Tür zu öffnen. Sie hämmerten einige Zeit gegen die Tür, bis diese nachgab. Die Scharniere lösten sich aus dem Rahmen und die Tür fiel in die Kajüte des Kapitäns. Eine riesige Wolke aus Algenstaub kam ihnen entgegen. Sie warteten eine Weile, bis sich der Staub gelegt hatte. Dann sahen sie in der einen Ecke eine Koje und an dem Fenster einen Schreibtisch. Davor einen zusammengebrochenen Stuhl. Weil die beiden sehr neugierig waren, schwammen sie zu dem Schreibtisch und untersuchten ihn. Sie entdeckten, dass man die Platte des Tisches anheben konnte, fanden aber nichts Besonderes. Sie untersuchten die Schubfächer an den Seiten des Schreibtisches und waren enttäuscht, dass auch diese leer waren.

Als sie sich schon vom Tisch entfernen wollten, fiel Sonja auf, dass die Tiefe eines Faches überhaupt nicht zu dessen Höhe passte. Sie öffneten die Schublade erneut, um zu sehen, ob sich der Boden des Faches öffnen ließ. Und so war es! Sie entdeckten eine Flasche, in der ein zusammengerolltes Stück Papier war. Da sie wussten, dass Papier im Wasser unleserlich wird – besonders wenn es sehr alt ist –, beschlossen sie, an die Wasseroberfläche zu schwimmen, um dort die Flasche zu öffnen.

Sie wussten, dass sich in der Nähe eine Insel befand. Zu der schwammen sie. Sie entdeckten zwei Höhlen, deren Eingänge unter Wasser lagen, die aber vor langer Zeit, ehe der Meeresspiegel anstieg, sicher im Trockenen gelegen hatten. Als sie an Land waren, denn sie besaßen sowohl Schwimmflossen als auch Beine, versuchten sie, die Flasche zu öffnen.

Auf dem Blatt Papier war eine Insel aufgezeichnet. Darüber waren einige Punkte, die mit Linien verbunden waren. Daneben stand: *Wer diese Karte findet, kann einen Schatz entdecken.* Sie fragten ihren Freund, den Krebs Antonius, was jene Punkte mit den Strichen dazwischen zu bedeuten hätten. Dieser antwortete, dass er denke, es sei eine Schatzkarte, und das große, spitze Ding sei der Berg auf dieser Insel. Als sie das Blatt zufällig gegen die Sonne hielten, schien plötzlich ein Berg aus der Karte aufzusteigen und an seiner Seite konnten sie eine Höhle erkennen. Das war aber nur zu sehen, wenn man das Blatt gegen das Licht hielt.

Sie bedankten sich bei Antonius und machten sich auf die Suche nach dem Berg mit der Höhle. Sie versuchten, auf eine der Palmen zu klettern, welche am Strand einen lichten Wald bildeten. Doch sie schafften es nicht. Also gingen sie immer geradeaus, bis sie die Palmen hinter sich gelassen hatten. Als sie aus dem Schatten der Palmen heraustraten, sahen sie in einiger Entfernung einen Berg, der so aussah wie der, der auf der Karte abgebildet war.

Auf dem Weg zum Berg überquerten sie ein kleines Flüsschen. Dabei bemerkten sie, dass ihre Haut schon ganz ausgetrocknet war. Zwar hatten sie Beine, um sich an Land fortzubewegen, und sie konnten an Land auch atmen. Aber es gab ein Problem: Sie mussten ihre Haut immer leicht feucht halten, sonst fühlten sie sich nicht wohl. Deshalb beschlossen sie, in dem Flüsschen ein

Bad zu nehmen. Sie sprangen ins Wasser und nahmen erfreut wahr, dass ihre Haut wieder frisch wurde. Danach gingen sie weiter in Richtung des Berges. Auf dem Weg dorthin kamen sie an einigen Hügeln vorbei, auf deren Kuppen Kreuze standen. Nach einigem Nachdenken erkannten sie, dass es Gräber waren. Sie wussten, dass bei ihnen Grabstätten heilig waren, und vermuteten, dass es hier auch so sei. Deshalb umrundeten sie die Grabstätten und gingen weiter in Richtung Berg. Sie liefen über eine Wiese und genossen den Wind und den Sonnenschein. Als über ihnen einige bedrohlich aussehende, schwarze Wolken auftauchten, wussten sie nicht, was sie machen sollten. Ihr Vater Poseidon hatte ihnen vor langer Zeit einmal erzählt, wie sie sich in einem solchen Fall verhalten sollten, aber das hatten sie längst vergessen.

Sie bemerkten, dass mit der Zeit ihre Haut wieder trockener wurde, und hielten Ausschau nach einem Fluss oder einem See, um sich erneut zu erfrischen. Auf einmal kamen winzige Wassertropfen vom Himmel und nach einigen Minuten begann es richtig heftig zu regnen. Es war für sie unvorstellbar, dass es auf dem Land Wasser zum Überleben gab. Sie tanzten in den Tropfen und ihre Haut wurde wieder geschmeidig. Sie genossen den Regen und wanderten, von ihm umgeben, weiter zu dem Berg mit der Höhle.

Als es dämmerte, wollten sie bis zum nächsten Tag erst mal Pause machen und sich ausruhen, denn sie waren beide sehr erschöpft. Sie wollten ihren Weg fortsetzen, wenn es hell genug war, um etwas zu sehen. In der Nähe hörten sie einen Bach plätschern und gingen in diese Richtung. Sie sprangen hinein und ließen sich von dem frischen Nass, ihrem natürlichen Element, umspülen. Am nächsten Morgen, sie wachten beide gleichzeitig auf, sahen sie, dass der Himmel sich golden färbte. Sie wanderten weiter in Richtung des Berges und kamen auf eine riesige grüne Wiese. Zu ihrer Freude stellten sie fest, dass diese noch ganz feucht vom Morgennebel war. Dadurch wurde das Weitergehen zu einem reinen Genuss.

In einiger Entfernung stand eine Reihe hoher Bäume. Beim Näherkommen sahen sie, dass die Bäume am Ufer eines Flusses standen. Sie durchschwammen diesen und sahen sich am anderen Ufer sogleich von einer Herde Kühe umgeben, die auf einer großen Wiese grasten. Sie kamen auf die beiden zugelaufen und umringten sie muhend. Sonja und Richard bekamen Angst und überlegten, was sie tun könnten. Auf einmal tauchte auch noch ein Stier auf und kam laut schnaubend auf die Eindringlinge zugerannt. Die beiden kannten ein solches Tier nicht und bekamen es richtig mit der Angst zu tun.

Etwas entfernt von ihnen sahen sie Bäume stehen. Sie rannten in diese Richtung. Aber ehe sie die Bäume erreichten, standen sie einer Herde vierbeiniger Wesen gegenüber. Es waren Pferde, die friedlich auf der Wiese grasten und sich durch nichts stören ließen. Richard nahm all seinen Mut zusammen, stellte sich einem Pferd gegenüber und versuchte, mit einem „Buh“ dessen Aufmerksamkeit zu erwecken. Doch es half nichts. Das Pferd hob nur den Kopf, sah ihn an und fing gleich darauf wieder an zu grasen.

Als sie bei den Bäumen ankamen, war von dem Stier nichts mehr zu sehen. Die Bäume standen so dicht, dass man kaum vorwärtskam, weil sich überall auf dem Boden Pflanzen drängten und sie am Vorwärtskommen hinderten. Aber zum Glück war es in diesem Urwald so feucht, dass ihre Haut wieder frisch und glatt wurde, ohne dass sie einen Fluss oder Bach finden mussten. Als sie die andere Seite des Urwaldes fast erreicht hatten – sie sahen schon, wie sich der Wald lichtete und dahinter tat sich eine riesige, leere Landschaft auf –, wurde es langsam dunkel und sie beschlossen, die Nacht in diesem wunderbar feuchten Wald zu verbringen, denn die Feuchtigkeit tat ihrer Haut gut und sie wussten nicht, wann sie wieder Wasser finden würden.

Am nächsten Morgen erwachten sie in dieser wunderbaren, wohltuenden Feuchtigkeit und wussten zuerst nicht, wo sie waren. Dann erinnerten sie sich, dass sie in diesem feuchten Urwald übernachtet hatten. Sie machten sich also wieder auf den Weg zum Berg, in dem sich der Schatz befinden sollte.

Als sie die letzten Bäume erreicht hatten, lag vor ihnen eine große Leere: ein mit kleinen Steinen übersäter, sandiger Streifen, der am Horizont in eine grüne Fläche überging, in der sie einen blauen See zu sehen glaubten. Eigentlich war es für sie kein Problem, über Sand zu laufen, aber diese kleinen Steine – es waren Kiesel – kannten sie nicht. Richard hatte etwas Angst davor, aber Sonja nahm ihren ganzen Mut zusammen und setzte einen ihrer Füße darauf. Sie lachte. Richard wollte wissen, was denn los sei. Sie erwiderte, dass es sich anfühle, als sei es großer Sand. Also versuchte es auch Richard, und als nichts passierte, fing auch er an zu lachen. Sie liefen beide Hand in Hand über den Kieselstreifen bis zu der grünen Wiese und weiter bis zu dem kleinen See, in welchen sie sofort hineinsprangen und sich erfrischten. Es war eine Landschaft, in der sich Wiesen und Bäche abwechselten, und es war für sie eine Freude, durch das frische Gras zu laufen und sich in den Bächen zu erfrischen.

Der Berg in der Ferne schien immer näher zu kommen und sie freuten sich schon, ihn bald erstiegen zu haben. Doch zu ihrem Entsetzen sahen sie zwischen dem letzten Fluss und dem Berg nur Steine.

Sie befürchteten, es nicht zu schaffen. Aber da sie diesen Berg unbedingt bezwingen wollten, nahmen sie sich zusammen und liefen über sie Steine, die kein Ende nehmen wollten. Die Sonne schien und ihre Haut wurde immer trockener.

Nachdem sie die Hoffnung schon fast aufgegeben hatten, tauchte wie aus dem Nichts ein kleiner See in der

Steinwüste auf, in dem sie sich erfrischen und ihre Haut wieder beleben konnten. Als sie aus dem See stiegen, sahen sie den Berg in geringer Entfernung vor sich. Sie liefen weiter auf ihn zu. Richard, der ein fantastisches Gedächtnis hatte, konnte sich sofort daran erinnern, in welcher Richtung sich die Höhle befand. Er begab sich in diese Richtung und Sonja, die dem Gedächtnis ihres Bruders vertraute, lief hinter ihm her. Sie erreichten den Berg fast direkt am Eingang zur Höhle.

Als sie in die Höhle eintraten, umfing sie eine düstere, dunkle Atmosphäre. Aber da sie es durch ihr Leben im Meer gewohnt waren, sich in einer feuchten, sogar nassen Umgebung zu bewegen, fanden sie es gar nicht mal so schaurig. Vorsichtig gingen sie, einen Fuß vor den anderen setzend, immer tiefer in die Höhle hinein. Es kam ihnen wie eine Ewigkeit vor, als sie eine Stelle erreichten, wo sich der Gang zu einem riesigen Raum erweiterte. In der Decke befand sich ein großes Loch, durch welches Sonnenstrahlen ins Innere der Höhle drangen. Jetzt konnten sie wieder richtig sehen. Sie entdeckten an der hinteren Wand der Höhle drei Öffnungen, die zu kleineren Höhlen führten. Sie überlegten, wohin diese Höhlen wohl führen könnten, aber sie kamen zu keiner befriedigenden Lösung. Also beschlossen sie, alle drei Höhlen zu erforschen, um den Schatz zu finden, der sich laut der Karte des Kapitäns hier im Berg befinden sollte.

Als sie die erste der Höhlen betraten, strömte ihnen sofort ein feuchter Lufthauch entgegen. Sie mussten sich keine Sorgen mehr machen wegen ihrer Haut, denn die Feuchtigkeit dieser Höhle reichte vollkommen aus, um ihre Haut zu regenerieren. Allerdings war es hier dunkler als in der großen Höhle. Als sich ihre Augen an die Dunkelheit gewöhnt hatten, konnten sie die Höhle etwas genauer in Augenschein nehmen. Richard ging auf der rechten Seite entlang und Sonja auf der linken. Wie sie bemerkten, war die Höhle fast rund, sodass sie gegenüber dem Eingang wieder zusammentrafen. Richard sagte, er habe auf seiner Seite eine interessante Zeichnung entdeckt und dass Sonja sich diese mal ansehen solle, ob sie daraus schlau würde. Er hätte keine Ahnung, was sie bedeuten solle. Gemeinsam gingen sie auf der rechten Seite zurück. An der Zeichnung angelangt, überlegten sie gemeinsam, was diese darstellen könnte. Es war eine einfache Zeichnung von zwei Menschen, einem Mann und einer Frau, die nebeneinanderstanden. Doch sie fanden keine Erklärung.

Also verließen sie diese Höhle und machten sich auf den Weg zur nächsten Höhle. Dort angelangt, umfing sie sofort wieder eine angenehme Feuchtigkeit. In der Decke der Höhle befand sich ebenfalls ein Loch, durch welches die Sonnenstrahlen eindringen konnten, welche die Höhle in ein warmes Licht tauchten. Durch das Licht erkannten sie an der Seite der Höhle einige Vorsprünge, die groben Tischen oder Betten ähnelten. An der Wand war wieder eine Zeichnung. Es war die gleiche Zeichnung wie in der ersten Höhle, nur dass diesmal die beiden Gestalten von einem Herz umschlossen wurden. Neben dem Herzen waren zwei ineinander verschlungene Ringe zu sehen. Sonja hatte die Idee, dass sich die beiden aus der ersten Höhle hier ineinander verliebt und dann geheiratet hatten.

Sie verließen die zweite Höhle und wandten sich der dritten Höhle zu. Als sie die dritte Höhle betraten, bemerkten sie, dass die Luft hier noch deutlich feuchter war als in den beiden anderen Höhlen.

Wieder fanden sie eine Zeichnung. Nur dass auf dieser Zeichnung nicht zwei, sondern vier Gestalten zu sehen waren und dass die beiden neu hinzugekommenen Wesen auf dem Rücken lagen und dass sich unter ihnen Zeichen befanden, die Buchstaben ähnelten. Richard probierte, die Worte zu entziffern, und war bass erstaunt, dass es ihre Namen waren: Richard und Sonja. Sonja versuchte, in den drei Zeichnungen einen Sinn zu erkennen, und kam zu dem Schluss, dass die großen Gestalten ihre beiden Eltern darstellten, welche sich in der ersten Höhle begegnet waren, sich dann in der zweiten Höhle ineinander verliebten und geheiratet hatten. Und dass sie dann hier in der dritten Höhle zwei Kinder bekamen. Sie beide, Richard und Sonja.

Sie waren beide verblüfft und dennoch froh darüber, endlich zu wissen, woher sie kamen. Und warum sie die Fähigkeit besaßen, sowohl im Wasser als auch auf dem Land zu leben. Nachdem sie sich beide sehr über die Zeichnungen gefreut hatten, wollten sie die dritte

Höhle genauer in Augenschein nehmen. Also wandten sie sich von der Zeichnung ab und untersuchten auch die dritte Höhle auf die gleiche Weise wie die beiden anderen. Richard untersuchte die rechte Seite der Höhle und Sonja die linke.

Nach einigen Metern entdeckte Richard ein großes Doppelbett aus Stein und daneben ein kleineres Doppelbett. Sonja entdeckte auf ihrer Seite einen Schrank aus Stein, in dem sich noch einige Kleider befanden. Als sie sich in der Mitte der Höhle gegenüber dem Eingang trafen, erzählten sie einander, was sie gefunden hatten, und kamen überein, dass ihre Eltern anscheinend hier miteinander gelebt und sich geliebt hatten.

Neben dem Schrank befanden sich zwei Löcher, die sehr viel feuchter waren als die Luft in der Höhle. Sie überlegten, wohin diese Löcher wohl führten. Also nahmen sie ihren ganzen Mut zusammen und sprangen, nachdem sie sich kurz abgesprochen hatten, jeder in ein Loch. Die Bahn war abschüssig, und nach einigen Kurven kamen beide aus den Löchern im Meer heraus, an denen sie vorbeigeschwommen waren, bevor sie die Insel erreicht hatten.

Nun wussten sie: Der Schatz der Insel war die Gewissheit, wo und wie sich ihre Eltern kennengelernt hatten.